Este libro le pertenece a:

_ _ _ _ _ _ _ _ _ _ _ _ _ _ _ _ _ _

Ninja Life Hacks™

Este libro está dedicado a mis hijos - Mikey, Kobe y Jojo.

El Ninja Perfecto

Por Mary Nhin

Me encantaba hacer las cosas perfectamente.

De hecho, cuando cometía un error, a menudo me molestaba y a veces incluso me rendía.

Por ejemplo...

Si estaba perdiendo durante un partido de fútbol, dejaría de intentarlo.

Si las respuestas no me llegaban de inmediato mientras hacía los deberes, me frustraba y lloraba.

¡Y si me equivocaba mientras dibujaba, gritaba!

Tenía que ser perfecto en todas las circunstancias. Desde mi punto de vista, no había tiempo ni espacio para errores.

¡Pero todo eso cambió durante...

...un juego de fútbol!

Mis compañeros y yo habíamos practicado toda la temporada para el campeonato. Incluso me tomé tiempo extra justo antes del gran día para perfeccionar mis técnicas y estrategias.

Pero no fuimos rivales para los Kingpins ese año. Estaban ganando de 2-1.

Durante el descanso, el Ninja Animoso me hizo un cumplido.

--Sí... pero no te diste por vencido. Seguiste intentando y cambiaste de estrategia. Se necesita coraje para seguir compitiendo. Lo estás haciendo genial --animó el Ninja Animoso.

¿De verdad lo crees?

Está bien si no somos perfectos. Nadie lo es.
Los errores nos ayudan a crecer.

Durante el resto del juego, jugué con todo mi corazón, sin importarme hacer las cosas a la perfección.

¿y sabes que pasó?

¡Funcionó! ¡Regresamos y ganamos!

Después de ese día, adopté una mentalidad de crecimiento. Comencé a esperar errores y fracasos porque eran mis nuevos maestros. Entendí que, para crecer, cometer errores era un paso normal del proceso, siempre y cuando estuviera aprendiendo de ellos.

Tu mejor arma contra el perfeccionismo es aceptar que el fracaso es parte del viaje.

Mientras aprendas y crezcas de tus errores, tendrás éxito.

¡Visita ninjalifehacks.tv para obtener imprimibles divertidos gratis!

@marynhin   @GrowGrit
#NinjaLifeHacks

Mary Nhin   Ninja Life Hacks

Ninja Life Hacks

@ninjalifehacks.tv

www.ingramcontent.com/pod-product-compliance
Lightning Source LLC
Chambersburg PA
CBHW042024090426

42811CB00016B/1732